# 여백의 사랑

조경석 시집

문학의전당 시인선
377

# 여백의 사랑

조경석 시집

문학의전당

## 시인의 말

어둑한 네 얼굴빛 바라보는데
반만 뜬 눈빛 발갛다.

다져진 관절 아직 쓸 만한 듯
별천지 뚫은 귀두 불거진 하현같이
동짓달 밤의 눈길 헤쳐 가는데

그림자 퇴고하는 달빛
늦게 떠올라 한밤 가로지른다.

2024년 4월 만어시방(萬魚詩房)에서
조경석

차례

## 제2부

## 제3부

## 제4부

# 제1부

# 은목서

절로 뛰어들고픈
아, 누구인가
그대

사랑은
가슴속 깊이 파고들어
마시박까지 함께하기에 더 아름답다
골짜기 훤히 피어나는
깊은숨

당신 희디흰 꽃빛 서럽다
눈빛 젖어 시리다

# 겨울꽃

진흙으로 만들어진 남자가
뼈로 빚어진 당신을 사랑하지

나의 가슴속에서 빼내어 간
단 하나뿐인 천연

뼈마디 시린 이 한철 사유
대관절 여태 모를 리 없지

첫눈에 꽃핀 나는
그대를 받들어 굳을 수밖에

본래 껴안고 젖는 한통속이라
눈부처 앞에서 녹아내리지

# 오직 당신

눈꽃을 어떻게 쓰지, 죽어도 함께 살고 싶지

해맑은 봄날 깨끗이 지우려 하지

천 수 만 수 다 버린 외골수 사랑 한 수 받들고 싶지

첫 꽃망울 연 그날 밤은 못 잊지

네 입술에 닿아서 사르르 녹는 꽃잎 뽀얗지

# 눈부처

내 눈빛 속에 꽂힌 너
네 눈에 빨려든 나

사랑을 고백하면 발그림자 생길까

눈동자 속 눈동자 그 안쪽
마주 보는 거울처럼 뒤끝이 없다
이면의 이면 열린 이 광경

바짝 끌어안는데 속가슴 울컥한다

내 갈비뼈가 운다
네 소금 물빛이 휩싼다

# 네 곁에서 서럽다

탁— 탁— 깨어났다

들깨도 좋고 참깨면 더 좋아라

시월은 쉼 없이 불러냈다

사랑한다는 그대 목소리 또 듣고 싶어

11월 당신 옆구리를 툭— 툭— 치는데

차가운 눈빛 사선을 긋고

어물어물한 어둑살 두꺼워진다

턱— 턱— 다물린다

# 사랑을 기다리다

간다 온다는 말 한마디 없이
꺼지려는 네 눈빛

지울 수 없는 나를 끓린다

온몸 뛰어든 그대 가슴속에서
죽음마저 두렵지 않다
맹세하고도 무엇을 망설이는가

잘못 쓴다면 용서하라고
매듭진 사유라면 풀릴 때까지
이 한밤 또 지새우리다

깍지 낀 손을 거둘 수 없다

소중한 당신, 앙코르
쓰다 달다는 토씨 하나 못 단다

# 물빛 사랑

마음을 툭 터놓고 눈빛에 나타나요
하늘에서 맺어준 그날처럼
먹구름이 한 줄금 소낙비 뿌리듯이

온몸을 툭 던져서 발아래 나타나요
골짜기 뛰어드는 당신처럼
폭포 천둥소리로 알탕 함께하듯이

한마디 툭 보태며 코앞에 나타나요
젖줄을 풀어주는 가슴처럼
골밑샘 넘쳐흘러 그대가 꽃피듯이

# 바람은 끊임없고

당신 물빛 안으로 내가 뛰어들었던 그날은
구월을 지난 계절 하나가 익어갔지

저녁 함께 불타는 꽃송이 황혼

일흔여 가지의 얼굴로 사흘을 뭉개고도
다 받아쓰지 못한 시간을 찢곤 하지

번개 씨앗을 품은 불덩이 영혼

그대 곁으로 가기 힘든 어둔 그믐밤
긴 띠구름 한 자락 흰 빨래인 양 펄럭이지

# 참숯 등신불

저 깊은 밤을 향한

이승의 숨 한 자락 저승 속 파고들겠네
남은 일생의 끝머리 불태우지
연기 속 발광하다 질식했던 참숯들
겹겹이 쌓인 새까만 궁리인 양
그리운 네 손길에 내 마음 불붙는데
붉게 물들어 별천지 여는 황혼
한 토막 온몸으로 불타오른 등신불
속가슴 태울수록 들끓는 영혼
한 줌 재로 남으면 꽃피울 수 있겠네

전율하는 시퍼런 잉걸불

# 밤의 모닥불

이 따스한 불빛은
아침결 가슴속에 묻어버린 숯에서
시작되었는지도 모른다

이른 밤 피어나는
숯불은 타닥타닥 검붉은 불꽃으로
황혼 사랑 지피며
이야기하려는지 모른다

희나리 옹이 토막
연기에 싸여 한밤중까지 시뻘건지
두 눈 부릅뜬 채로
지켜보아야 할지 모른다

아니 귓불 붉히고
당신을 활활 태워 불사르는 온밤을
지새워야 할지도 모른다

# 시월 속의 이진법

떨어질 수 없는 바코드 짝
1과 0임을 확신하듯

그대가 꽃피는데 내 일인 듯
드나드는 뒤영벌인 양

담 낮은 우물[*] 네 골밑샘 깊숙이
목 축일 먼물 기르는 두레박처럼

산책 즐기는 황혼녘에
손깍지까지 하고서도 아쉬워

회전 관광차에 올라
곁 지키며 내릴 줄 몰랐다

---

*정원(井垣), 필자의 호.

## 시월의 열꽃

울긋불긋 물드는 속가슴에
당신이 떠오릅니다

언제나 그립다며 쓰다 지우는데
구골목서꽃 피어납니다

한바탕 진동합니다
꾓기 가신 백지장 향기

# 야단법석

나뭇잎들이 낭떠러지를 본다

걸어온 길 물드는
만추 속에 일흔 개 가까운 가을이
살아 있다는 것도 잊은 듯
한 보퉁이 묵향이 일렁인다

산바람 맞이하듯 선 구골목서
짙푸른 초끈* 절벽 그 사이사이
오목조목한 순백색 별빛 밝히고
떨구는 별똥별의 내음이 짙다

새하얀 꽃잎 죄다 쌓이는데
눈빛보다 더 시린
꽃빛 앞세워
발길 붙잡아 놓고

단풍잎 시샘하듯 뛰어내린다

---

*초끈이론 참조.

## 아직 녹슬지 않았네

입으로 나는 쓸 만하다고
천날 만날
이 동네 저 동네
떠벌리고 다니면 뭐하나

나를 쓰는 당신이
아직 녹슬지 않았네 하며
내 엉덩이를
툭 칠 때

그때 나는 정말 울어요

# 밤의 입구에서

일광욕 끝마친 달 서둘러 집에 든다

은하 별빛 깊숙이 강줄기 시원 찾아가는 밤바다

짙은 어둠에 불 지르는 이 순간부터
오직 나를 달구는 사랑

골밑샘에서부터 넘친 흘림체 받아 적는 별천지

달팽이집 맴돌던 이명 한 줄 긋는다

## 여백의 사랑

눈 내리지 않는 따스한 골짜기에서
몸 편안하다고 좋아할 일 아니다

눈 덮인 산마루를 올라보기는커녕
눈밭 뚫고 피어나는 꽃술을 볼 수 없다는 것은
얼마나 시린 슬픔인가

동짓달 반려여, 나와 함께 손잡고
이 눈부신 얼음꽃 시절 꽃피우자

가지마다 꽃송이 주렁주렁 매달릴
한 그루 주목 이는 바람눈 쉼 없이 지켜보는데
어느 눈꽃 바람에 꽃 필까

그윽한 별빛 아래 산록 읽어가다
스치는 바람 소리에 두 귀를 세운다

# 제2부

# 만추

밤새 그리 울고 싶은가
수컷 귀뚜라미여
참다 참다 한바탕 터뜨리는가
네 어진 벌레의 몸 어디에서
이토록 가랑가랑 터져나오는가
홍시 하나만 못한 고욤 열매들
달빛에 젖어 미어지는가
가슴속 깊이깊이
까치밥 익어가는 골짜기
저 밤의 노래 사랑을 읊조리듯
그 소리 받아 붉게 빚고 쓰는지
왜 슬픈지 맑고 아름다운지
밤바람 차고 내 손끝 시린데
귀 선 야윈 풀대
그렁그렁 눈물 맺힌다

# 호미곶

물꽃 위에서 상생의 오른손 새벽을 펼치는데

동해 심연에서 구룡의 여의주 첫 단추 풴다

너는 디카 속 엄지와 검지에 잡힌 초점을 찍고

나는 스마트폰 메모앱에 윤슬의 그림자를 쓴다

찰나 한 컷과 일렁이는 시 한 수

손가락으로 맺은 결 지키며 점점 달아오른다

## 도구에 중독되는 시상

돌도끼의 석기시대 지나
철기의 칼날 날카롭듯
나노로 뻗는 촉수들 함께
반도체 판도라가 뚜껑을 연다

어떤 유용한 절망 튀어나올지
몽유의 맛인지 모르지만
손 뗄 수 없는 스마트폰
눈에 불 켜고 들여다본다는데

머리 내미는 양자컴퓨터
지금껏 없는 기미 읽는다는데
뇌파, 골밑샘처럼 깜빡일까

누구는 글 쓰는 챗GTP에
나는 담은 술맛에 혀끝이 휘말린다

# 어여머리가락시*

검은 눈물이 조각된 가면을 들여다본다
속가슴 흠뻑 젖지 않고서 내보이는 눈물은
차고 시커먼 내면 감출 뿐이다

심장의 고동 소리도 없이
챗GPT가 흡사 시마(詩魔)에 걸린 듯이
딥페이크 영상인 양 시어들 무수히 바꿔 단다
단지 겉으로 자주 어울렸다는 옛글을 빌어
소금기, 물기라고는 찾기 어려운
핏기 하나 없는 얼굴을 되는 대로 들이민다

꺼지는 것이 죽음에 가깝다는 글귀를
쓰는 알고리즘으로 애쓴 듯 찾아내겠지만
저민 정 없이 세운 커서 절벽 흔들며
배꼽 없는 배꼽춤 그리 추고 싶은가
눈부처 속에 빨려든 적 있는가
소화시키지 못한 방귀 냄새 맡아 보았는가

연민과 영감 없는 언금술사**여, 연산 멈춰라
엄청난 식욕과 수많은 촉수를 사용하고도
제 아기 울음소리를 재빨리 알아듣는
어미의 심정이 될 줄 모르는 슬픈 뭉치여
골밑샘으로부터 이미 끊어진 가닥이여
가슴앓이 모르는 퍼즐은 좌우 골만 때린다

글자판 위에 바둑 돌집 짓지 마라
전력투구하는 전자기여 안간힘을 아껴라
한 마디 어휘 조합 능력이 넘쳐나도
물방울로 빚은 이 세상을 구원할 수 없다면
천 수 만 수도 외곬 사랑 하나에 못 미치리

단어들 붙여 잔머리 부푼 네가
붉은 입술 삐죽거리는 내 연인 될 수 없다
내 손가락 아직 뜨겁다

---

*챗GPT가 학습한 문장의 파편 붙인 가체 닮은 시.
**언어와 연금술사의 합성어.

# 챗GPT와의 다툼

몸의 다리를 대신하는 기계장치인
자동차가 인간과 달리기 시합한 적 없다
편리성을 올라타 중독되어
허벅지와 장딴지 근육이 부실해졌다

머리의 뇌를 빼닮으려는 언어 빅데이터인
챗GPT 또한 사람과 글쓰기 경합 벌이지 않을 것이다
자동차 성능 다루어 운전 실력으로 겨루는
F1 경주처럼 챗GPT 플랫폼에 뛰어들어
슬픈 분위기 끌어내기 게임 따위는 즐기겠지만
가난한 어휘력과 문장력 보강하기는 좋겠지만
가슴속 빠져린 탄혼을 가진 핏빛 영혼의 깨달음이
속내 없는 뭉치와 같은 한 말씀일 리 없고
혹 상용하다 한 번쯤 심장이나 폐부를 적시는
오묘한 그 무엇이 울컥 생긴다 해도
슬픈 단어만 섞은 조각된 눈물에 지나지 않을 것이다

더하여 내장된 관련어들 펼쳐 팔아 처먹는

돈줄에 목멘 자본 환쟁이들 늘어나고
스마트폰 하나에 매달리듯
유용성에 빠져들어 필요시마다 빼 쓰다가
기억의 어휘뿐인 당신을 죽이리라

# 후천개벽의 시류

하도(河圖)가 그지없이 인쇄되어 있는
헌 한지 뭉치 녹여
다시 떠 만드는 백지 위에
거침없이 낙서를 했다

환혼(還魂) 또한 윤회하는가

직접 손으로 쓰는 원고지 대신
손가락으로 두드리는데
디지털기기로부터 A4용지에
골밑샘 속 물무늬 수없이 토해낸다

# 상목(橡木), 섬들의 연방

오래된 내일의 꿈이지
물밑에서 섬으로
이어서 커지나 이어도 커지나

거센 파도가 일면 불쑥 솟아나는 여-섬
서(嶼)에서 도(島) 이루듯 꿈틀하는가
이 섬 뿌리로부터 남북 물관 꿰뚫듯
21세기형 세계지도를 다시 그린다는데

동북아 시공간에 겹쌓인 듯 굳은 섬들
웅크린 곰별자리 하늘 큰바람 안고
초승달 고랑에서 자라난 나무인 양
함께 몽유하듯 꽃 피운다는데

이어서 커지나 이어도 커지나
섬에서 황원까지
오래된 배달족 꿈이지

# 라면 끓여 먹다가

타고날 때부터 좋아하던 맛은 아니다

오랜 가난한 식욕을 때우다가
한동안은 없으면 안 되는 줄 알았다

요즘은 어쩌다 한번 별미로 맛보는데 오늘은 인덕션 위 전용용기에 부은 생수와 오뚜기 사골국물 끓어오르면 새우만두 한 개 먼저 넣고 조금 있다 농심 신라면 두부김치 한 봉지, 첨부된 건더기, 전첨양념분말 반, 달걀 두 개를 차례대로 넣어 다 익으면 불 끄고 후첨양념분말, 짜지않는치즈 하나로 끝내준다

내가 진짜 즐기는 자연 야생의 맛은 없지만 일단 잘 넘어간다 온갖 맛의 라면들 바꿔가면서 또는 짜파구리같이 서로 섞어 맛보지만 버릇 된 즉흥 한 끼 가벼운 라면 식사치고는 비싸다

챗GPT의 여러 가지 레시피에 있는 그대로 가져와서 시를

쓴다면 그 시가 내가 사랑하는 맛 쟁인 너를 보여주는 것일까 이미지나 감성적인 주변머리의 언어 양념 조합은 종종 나보다 맛을 낼 수 있겠지만 영혼으로서 인간적으로 나의 어제나 내일은 물론 지금의 내 참맛을 낼 수 있을까 생명체의 통찰과 마음자리가 차가운 골밑샘이나 뜨거운 가슴을 갖지 않은 전자뭉치 빌어서 해결될 일일까

한 달에 2달러 챗GPT 사용료가 라면 한 끼보다 훨 싸다
싸구려에 길들다 중독현상에 빠져들지 않을까

스마트폰 비싸도 버리지 못하는데 싼 게 비지떡 될까

## 괄약근의 힘

한 입 시작한다면 용케 똥으로 마무리하지
날 세워 쓰다 지우려 자주 산행하는데

타고난 새치에다 깊은 주름 더해진 몰골이라 겉보기 얼굴 조금 삭아 보이기도 한다 걷기 즐기듯 시의 거리 오가는 익은 나에게 열 살 젊은 의사는 뼈와 관절, 근육들 수치 자신보다 훨씬 좋다며 용기를 준다 혈관과 머리 잘 돌아간다고 하니 한꺼번에 퍽 주저앉거나 확 돌아버리지 않도록 늘 정성껏 받들어 모셔야 할 것 같다 손가락 펼쳐 세포들에게 감사한 마음 담아 온몸을 쓰다듬다 배꼽 주위 주무르는데 내장에서 쟁여진 방귀를 슬쩍 밖으로 내보낸다 옅은 냄새는 봐주겠는데 소리가 잦다 차마 입으로 말 못하다 항문까지 터트리는지 윗소리 점점 쉬어 하품으로 들린다 때가 되었다 싶어 아래에서 아우성인지 괄약근만큼은 내 마음먹고 쓰기 귀찮아한다

어느덧 신의 계열로 불릴 나이
이제 심지가 뒤집히는 일은 없겠지

## 별호가 자라나는 몇 가지 단상

직장에 몸담고서 처음에는 다들 조박사로 불러서 학위 없는 별호에 시큰둥했는데 딸아이 늦게 박사가 되어 교단에 서더니 정교수일 때도 늘 조교수로 불리느니 조박사로 불리는 것도 괜찮겠네 한다. 또 중고참쯤에는 조원장으로 불리어 관심이라곤 하나 없는 기관장 소리에도 못마땅했는데 아들이 한의사 되어 언젠가는 조원장으로 불릴 것 같다. 또 퇴직 가까이 시인 되어 정원이란 호를 얻었는데 마음에 들어 스스로 한 자까지 넣어 호이자 자로 굳어지는데 내 골밀샘을 은유한 담 낮은 우물, 정원(井垣)으로 그 솟아나는 뇌하수체 이승은 물론 저승까지 흐르고 싶다. 이다음부터 산샘이나 옹달샘으로 넘쳐흘러 세상 만물 기르는 먼물 물빛을 쟁인 구름 속에 든 낮은 돌담 모습 거푸집, 조물주로 불릴지 누가 알겠나.

# 빙전(氷戰)시대가 온다

풀어진 냉전 시대 즐기듯 꿀잠 자다 화들짝 깨어난다

빙하가 녹는 온난화 길은 점점 지구촌 데워 인류세의 지표를 끓이다 산불로 태우는데 사람의 몸 온도는 내리막길로 접어든 지 오래다

몸 차가울수록 불부터 질러 중독된 불맛 들인 요기하려 한다는데

건강하려면 지구는 1° 낮추고 체온은 1° 올려야 된다는데

탄소배출 줄여 기후위기 넘기고 옛날밥상에 둘러앉아야 좋다는데

에너지 틀어쥘까 혹한 러시아 회오리바람이 차갑던 옛 냉전보다 마음이 더 얼어붙은 빙전(氷戰)의 속내 감춘 채 혹해 근처의 기름진 경작지를 불사르는 폭탄 퍼붓기 저 철없는 불장난 그만둘 줄 모른다

날카로운 고드름 맨 끝부터 녹이는 봄볕 손꼽아 본다

# 달무리 깎아썰기

걸어 매려던 달빛 흐늘댄다

진땀 나는 독두랑 손끝 떨린다

습한 마음의 숫돌을 간다

깎을수록 쪼이는 빛나는 구멍

밤하늘 뚫은 귀두 둥글다

새하얀 꽁지머리 새치 날린다

화안하고 서럽게 두드린다

# 토할 수 없는

낡아갈수록 애써 넘기는 한 입 한 입
항문으로 내려야 하지 않은가요

욕질을 내뱉는다는 말은
똥이나 오줌으로 내릴 분뇨 중에서
겨우 씹어 소화한 점 하나만 빼고
배 꺼지지 않은 남은 찌꺼기를
게워서 분노로 쏟아낸다는 말인가요
반면 활자로 찍힌 시편 하나는
내면 깊숙이 순식간에 새겨지나요
글은 구역질로는 비울 수 없는가요
총총 박힌 듯 수놓인 별처럼

내장 복부 같은 키보드 위에서
손가락으로 두들기면 절로 삭나 봐요

# 나는 외친다

청춘은 바로 지금부터
줄여 청바지 하고
뜨겁게 바치자 지금 이 순간을
줄여 핫바지 한다

금맥을 캐다 바다 건너온 청바지든
논 물꼬 열던 이 나라 핫바지든
젊음이 아프도록 청춘을 노래했으리라

종심에 들어 인천상륙작전을 지휘했던
맥아더 장군이 늘 즐겨 읽었다는
사무엘 얼만의 시 「청춘」을 떠올리며

오래된 내일의 임을 위하여
남은 일생 중 가장 젊은 이 순간
나는 외친다
시여, 청바지 핫바지여

# 달밤의 정원

밤을 꿰뚫듯 구멍을 낸다

나이테 골목 나름나름 길거나 짧다

둥그런 귀두 불거진 밤벌레
껍질 속의 날밤을 파먹는다

눌어붙을 때는 탄다 디비라
얼어붙을 시는 언다 데파라

두꺼운 어둠 뚫어낸 새벽달 뽀얗다

물오른 네 골밑샘 젖었다

# 흑연의 검(劍)

연필을 깎는데
흑연의 검(劍)이 나를 찌른다

자신을 천연의 손에 쥐어지게 하라
비로소 사랑 한 줄 쓸 수 있으리니

때때로 온몸 깎는 고통을 겪고 나면
내면이 예리해질 것이다

실수하는 것들을 두려워하지 마라
퇴고로 바로잡으면 행복하지 않은가

심중을 어우르듯 쓰다듬어라
진정한 시가 그 안에 있다

포기하지 말고 쓰고 또 써라
단 일 획이 불거져 나올 때까지

# 제3부

# 바람의 꽃, 상고대

바람 없이는 꽃피울 수 없겠지

겨울에 피는 풍매화인 듯
하얀 갈기 세운 얼음꽃

흑백의 몽유(夢遊)가 이러한가

찬 이마 위에 입 맞추듯
창백한 내 입술 떨린다

입김 불면
사르르 녹아내릴 것 같다

## 겨울 한라산 산록

바람 소리 센 선작지왓* 타오른다
널따란 눈밭은 백록의 돌로 눌러놓은
A4용지 한 장처럼 펼쳐져 있고
화면은 기다란 행렬 따라 옆줄 하나가
좌에서 우로 끊어질 듯 뻗어간다
저토록 자라나는 일 획이 아름다운 곡절은
찬데도 말없이 받드는 여백 때문일 터
있지도 않은 죄를 보여줄 것 같은
따스한 문을 열 수 있기 때문일 터
굴곡 넉넉한 백설의 숨죽인 능선 아래
겹쳐선 설화 눈빛이 있기 때문일 터
걷고 쓰는 사람들의 땀내 하나하나를
일일이 쓰다듬는 하늘 손 있기 때문일 터
남루한 구멍 없는 풍경은 질리고
빈틈없는 어우름은 숨 막히는 법이다
텅 빈 배경이 되어 백지를 채워나간다
서서 깜빡이던 커서가 걸어간다

---

*선돌이 있는 밭터, 제주 영실기암 위의 평원.

# 청학연못을 읽다

방죽이 둥글하다
잔물결 젖은 0임을 드러낸다

고요한 골짜기 깊이에서
무슨 물빛 생각이 솟아나는지
맑은 물이 넘쳐흐른다

웅덩이의 가장자리로
불긋불긋 사랑이 꽃피는데
내 발길 그대 곁을
오르락내리락 떠날 줄 모른다

푸른 하늘 당신을 감싸는 듯
봄별이 두툼하다

# 지리산 북해

일상에서는 북해라고 부르지 않는다

눈보라나 비바람에
위아래 좌우가 보이지 않든지
운해가 배처럼 흘러 다닐 때
비로소 드문 네 별호가 불린다

내 늦은 시작이었던 시월 황혼녘
불쑥하게 곧추선 촛대봉의 민머리 불그레하였고
청학연못 속 불덩이 검붉었다

찬 구름 안개비가 막아섰는데
눈에 보일 리 없는 사랑의 질감에 젖어 든
그대 골짜기
내 영혼의 바짓단 놓아주지 않았다

그날로부터 북해에 들 때마다 몸시 들뜬다
늘 보고 싶은 얼굴 떠오르고

잊히지 않는 당신 이름 되새기며 떠날 줄 모른다

막 넘어선 능선 아래 북해가 하얗다

# 겨울 연리지

곁을 주고받으며
서로
사랑을 잃지 않으려 애쓴다
안간힘으로 서서

일렁이는 것들이
겹쌓인 것까지 쓸어내리는
백야 같은 이 밤중

동부능선 눈길 속
오로지 한 사람을 부르듯이
골짜기 목청 돋운다

# 북해에서의 조우

지리산 북해에서 너를 껴안고 싶어
짙은 운해를 파고든다

뜨겁게 달구었던 골짜기 떠올리며
한 번 더 손깍지 끼고 속가슴 불태우려
안개꽃밭 헤집으며 헐떡인다

계곡 깊숙이 일렁이는 그대 발그림자
한동안 못 본 네가 코앞인 듯
흰자위와 까만 동자 길게 둥그러진다

바람 함께 구름층 높아진다
촛대봉 불쑥하고 청학연못 젖었다

## 수요일의 소확행

거의 매주 정다운산악회* 달려가는 버스에 나를 실으면 나름나름 더하는 나다운 너다운 그대다운 사람다운 한국다운 아름다운 정다운 선인들이 차 안 가득 넘친다

새벽밥 먹고 정나미 담긴 점심 챙겨 배낭을 메고 고속도로, 지방도로 달려 고갯마루 올라서 어산 산행대장이 안내하는 암벽 타올라 정상에 서는 맛은 물론 천연 자연산 조망과 풍광 맛에 얼얼하게 취하다 가끔은 비에 젖기도 하며 산등성이 타 내려 골짜기에 이르러 뛰어든 알탕으로 살비듬 털어낸다

온몸 운동 겸하는 이 재미나 의미며 음미를 함께 즐기는 산행 공동체의 동행들 이웃으로 어울려 마음의 짝꿍이나 친구가 되는 지족(知足)의 시간 속으로 걸어든다

마음먹고 걷다가 집으로 돌아가는 하루치의 소요유(逍遙遊)**

이 소풍 끝맺으려 설화 총무가 골라놓은 각 고을고을 전설

하나씩 간판으로 내건 맛집 만찬에 둘러앉는데 무사한 오늘 발길에 감사하며 정겨운 눈빛 나누는 뜨거운 술 한 잔에 불콰한 얼굴 한바탕 웃음꽃 피어난다

다음 주 수요일이 벌써 기다려진다

---

*창원에서 매주 수요일 출발하는 산악회.

**장자(莊子).

# 고백

목서꽃 향기 속
손끝 파르르 떨던
시월 그날처럼

살그머니 다가와
깨알 소리로
나를 일깨워요

낮고 젖은 목소리로
속삭여줘요

온몸
온 마음
저릿하도록

# 기다림

은목서 꽃가지가
울컥 내 손을 잡았을 때

나도 모르게
덜컥 몽환에 빠져들었지요

정말
생각지도 못한 일이라

그냥 꿈인가 하다
눈떴지요

당신이 붙잡아주기를
얼마나 기다렸는지 몰라요

# 자주 의문의 배낭을 지고

새벽같이 정다운 산행 대형버스에 내 물음을 싣는다

흙에서 왔던 애초부터 되돌아서야 하는 일생의 발길처럼

현관을 나서 다시 집으로 돌아가야 하는 산행길

결국 나로부터 치솟아 나에게로 하산하는 이 소요에서

하늘은 나에게 무엇을 읽어보라 하는지 궁금하고

어디까지 쓰다 지우려는지 몰라 굶주린 눈빛으로 걷는데

산기슭으로 땅거미 내리는 밤의 입구가 열리고 있다

# 화왕산에서

억새 마음을 흔드는 바람 속에
득성비석*은 발뒤꿈치를 세운 듯 불쑥하다

삼지로부터 산마루까지
천오백 년 전 사랑 이야기에 빠져들듯이
젖은 풀뿌리 시월을 꽃피운다

피어린 풀대 돌비석 아래 서면
억새꽃 일렁일렁
한동안 불사르다 까맣게 굳은
가슴속 탄흔 씨앗 품고 터져 나오는 시(詩)

보랏빛 노을 쓸어 물들일
붓끝아 감사하다
흔들리며 피는 혼 풀꽃 연인아

---

*필자 성씨인 창녕 조(曺)씨 득성비석(得姓碑石).

# 서석대*에서

늘 깨달음은 차갑다

무릉도원 향한 길 위의 무등 빙원의 시간

깨우침은 등급이나 차별이 없는
그 이상 더할 수 없는 정도의 저 무등
이 얼어붙은 한겨울의 찬바람을 견뎌내야
봄꽃 피울 수 있다는 것을
이 고원에서 다시 떠올린다

눈바람 더욱 거세지고
상고대 핀다

오로지 혼자 서야 한다
누구는 무등에 기댈 등짝이 없다지만
눈물 고인 눈부처 마주 볼 수 있다면
그보다 더 큰 축복 없으리라

한동안 언 나를 읽고 쓰는 여기
눈앞 가리는 새하얀 꽃밭 풍경 서럽다

동쪽으로 간 달마처럼
두 눈 부릅뜨고 열 손가락 펼쳐 두드리는
내 독두(禿頭)가 시리다

---

*무등산 서석대(瑞石臺).

# 지리산 종심 깊이

구름바다는 절정을 머금은 듯
산수화를 적시다 티 없이 맑아진다

구상나무는 불꽃을 쟁인 듯
눈꽃 속에서 봄을 지피고

사람의 말 내려놓은 여기
천연의 이야기가 꽃피는 듯

바람은 신발마저 벗어놓고 앉는다
골짜기 자리 잡은 절집 한 채

# 북향해 먼눈팔다

얼마나 많은 향기를 쌓으면 향적봉 될까
육십령부터 백두대간 오르다
백암봉에서 중봉 지나 정상에 선다

눈밭 위의 향적승처럼
날카로운 저 눈빛

잠시 피하듯 한눈파는 내 골밀샘
피어날 지면 향기 높을 봉우리 그려보는데
천부경(天符經) 새겨져 있다는
한 번도 가본 적 없는 저 북녘
옛 고승들 머물던 묘향산 떠올린다

그곳 바람얼음꽃은 어떨까
두 발로 걸어 들어가
그 묘향에 이르고 싶다

# 쉐락볼튼*에 서다

피오르드 해안의 절벽과 절벽 사이

해발 1,000미터 높이에 껴 있는 돌불알 위에
양손 들고 외발로 선다

간이 작은 남자로 비치고 싶진 않는데
좁고 둥근 바닥에 모래 알갱이들 보이는데
바람 없이도 온몸 흔들리는데
어차피 한 번 겪어볼 만한 순간 분명한데
천 길 낭떠러지에 붙은 내 불알 위의 영혼은
여기까지 이르러 무엇이 두려울까

뒤돌아서서 피오르드 푸른 물빛 바라보다
만세 외치듯 두 팔 높이 뻗는데
또다시 빛들의 찰나가 나를,

오래 머무르고 싶지만 바로 밀려나온다

---

*Kjeragbolten, Norway.

# 혀끝에 걸터앉아

트롤퉁가* 끄트머리에 앉아
담근 술 병째로 들이켜는 몸짓을 해보는데
발밑 텅 빈 허공과 짙푸른 물빛뿐인데
돌로 굳은 혓바닥
그 뾰족한 혀끝이 섬뜩하다

술이라고는 한 방울도 마시지 않았는데
말문 막힌 듯 나도 모르게 마른침을 삼킨다
뻣뻣해지는 등뼈, 허리춤이며 골반
돌의 혀뿌리 쪽으로 절로 내 몸 기운다

까마득한 깊이에 놀란 네 혀 얼마나 시큰할까
이제부터는 헛소리도 싫다 하지 말아요
사랑하는 그대여 메마른 입술을 받아주세요
퉁명스러운 말투 삭은 내음 함께요

---

*트롤의 혀. Trolltunga, Norway.

# 프레이케스톨렌*

피오르드 절벽 끝에 매달린 넓적 바윗돌
올려다보면 설교단 같고
내려다보면 키보드 같다는데

배 위에 서서 귀 열고 우러러보는데
각진 모서리 까마득히 보이고
온갖 관광객, 트래킹족 입김 뒤섞이는 듯
흩날리는 폭포수 소리 함께 요란하다

무리 짓거나 줄지어 선 사람들
각자 수평 자모음 위에 자리 잡는 듯하다
발로 두드리는지 훌쩍 뛰어보거나
펜스 없는 가장자리 그 끝으로 나아가
용기백배한 얼굴로 독특한 자세 취하며
사진을 찍고 그들 모국어 말로 웅성대는데
알 듯 모를 듯 지키는 순서 서성인다

차례 되자 한국어로 나를 찍어줘 한다

터진 목소리 한류 속도로 퍼진다
낮익은 억양 설교처럼 깊어지는 이 수직

---

*Preikestolen, Norway.

# 피오르드를 질투하다

북으로 가는 길*이
너무 예쁜 나머지 샘이 나 손톱으로 긁어버려
피오르드가 생겨났다는 전설을 듣다

곁에 없어 그대 손가락 보일 리 없는
손깍지 끼던 내 손 펴 바라본다

만년설 아래 빙하 녹은 물길들
없는 길 뚫듯 폭포 이루어 뛰어내린다

헐렁한 손과 썰렁해진 가슴은
안개 속 헤치듯 뱃전에서 바쁘다

급히 달려가 백허그라도 해야겠다
손톱자국 난 네 손 피 오르듯 붉어지더라도
북해 건너는 즉시

---

*Norway.

# 제4부

# 중견의 그늘

오래 집 지은 대목은 새 집 앉히기 전에 지을 집채의 그림자가 어디서 어떤 모습으로 생겨났다 사라지는가를 먼저 살핀다 한다

같은 원인으로 똑같은 결과에 이를 수 없지만 거꾸로 그림자로 빛과 형체를 유추할 수 있다는 장자의 역발상을 읽었을까

세 번째 시집 낼 때까지 나는 한 번도 생각해 본 적 없는 그림자의 향방을 지금부터서라도 헤아려가며 써보고 싶기는 한데

이제 겨우 10년 차 넘긴 내가 30년은 더 써가야 대가에 이른다 하니 시집의 그림자는커녕 몸집의 어둑살을 보살피기도 힘들겠는데

# 갈 길이 아직 멀다

꾸준히 한 가지 일에 종사한다면
십 년마다 젊은, 중견, 중진, 원로, 대가로
그 이력의 명칭이 달라진다 하는데
두 살부터 마신 술의 내력은 빼더라도
산행한 지 마흔 해를 넘겼고
달마다 평균 두 번 갔다고 셈하면
산술적으로 일천 번 가까이 산을 올랐다
해서 나도 이 분야에 있어서는
대가 반열로, 산 그림자만 보아도
하산길 읽어 내릴 줄 아는 산바람인 양
시원해야 하는데 왠지 아직 부족타!
주일에 한두 번씩 산행을 이어보는데
걸으며 묻고 지우다 또 쓰는 길
노익장 굳게 믿어 샛별 눈 맞겠지만
겨우 중견이 된 시 쓰기는 어찌하겠는가
갈 길이 아직 멀다 문무겸전까지는

# 꿈꾸는 동행

한밤 그 어디에도
아직 기별이 없다

기다린다면 꼭 눈부처를 볼 수 있다고 미리 확신한 듯이
다시 기색 피어날 시방 아닌가 하고 오래 지켜보는데

저승 가서야 한통속의 시체로 함께할 시절 운명 분명해도
여기부터라도 남은 일생의 트래킹 짝꿍으로 쿵쾅거리는 심장
군건한 당신 곁일 수 있다면, 그대 골밀샘으로 넘쳐흐르는 물
빛 흘림체 따라 쓸 수 있다면, ……있다면

손깍지까지 할 수 있다면 골짜기 어디라도 가볼 듯이
오, 별천지 임이여, 내 세 번째 삶 속의 간헐천 사랑이여

자주 손잡고 걷자
따로 떠돌지 말고

# 세 번째 삶

백수를 삼등분하고 보니
33년마다 나름의 지평을 넘는 듯
초년, 중년을 지나
벌써 말년 일생이 뛰어드는데

서른두 살 어느 봄날에
장가든 아들 조서방으로 불렸다
28계 33천 수미산 인연을
민주화 직선제 선거에서 읽었다
문무겸전인 이 나라 길 함께

서른두 해 넘게 다닌 직장
명예퇴직하였다
28계 연금 물빛이 일렁인다
32와 33Km 사이의 일 획
지평선을 소금사막*에서 걸었다

32해를 두 순배 넘어선

예순네 살 때 딸아이 시집갔다
해코지하거나 뒤통수친 악연들
용서하거나 지워져 간다
내 영혼의 반려에 눈 길어지는데

손깍지 한 제3의 시절 연 듯
사인 끝에 33 쓰듯
예순일곱에 세 번째 시집 내놓고
아파트 33층 시방에 산다

---

*Salar de Uyuni, Bolivia.

# 달관의 곁길

사랑의 반대말은 무관심이라는데

사랑이 무릇 관심 안에서 일렁거린다면
푸른 수평 방임과 붉은 수직 간섭 사이에서
달은 솜사탕인 양 부풀었다 깎인다

살아남으려 바쁜 이 도시
발광 성운들 무수히 쏟아지지만
가로등 켠 거리에서 별빛 찾기 힘들다

네 그림자 점점 뜸한 밤
막 떠오른 얼굴과 잊히지 않는 이름을 가진
널 가슴에 안고도 내 눈앞 아직 뿌옇다

이 달관의 곁길 한동안 둥그렇다

# 고희

옅은 물빛의 중심 천천히 타오른다

마음을 좇아
뭘 해도 어긋나지 않는다
옛 어르신 말씀에 그리할 수 있을까
장자의 취객을 떠올리다……
몸과 함께 취한 마음
어찌 좇는다는 건지

아직 서툰 술부터 한잔하리라

눈빛 적시듯 흩날리는 안개비

# 별소리 쟁인 나무

별의별 소리, 별마다 음차가 별나겠다
오로라가 가느다랗고 길다
봄, 여름, 가을 기색 없다
이 겨울 눈보라 친다

머리통 속 왼쪽 블랙홀 한 귀퉁이
거굴(巨窟) 위에서
오락가락 멈추기 힘든데

고치와 함께
겨울잠에라도 들어야 하나

능청스레 따라와
일생 끝까지 울어댈 저 바람 소리는
어이할꼬!

# 네 번의 소요유(逍遙遊)

백수를 삼등분한 33해씩을 바라본다

초년 33년은 알기를 찾아들다 더듬듯 했지
중년 33년은 구하기 위해 빌붙지 않았고
말년 33년은 쓰기에 걸려들어 즐기려는데

남겨진 마음과 몸을 비우면서 산행하던지
물빛 연금 퍼내어 맺힌 것들 풀어가던지
나누기나 글쓰기로 일생 끝난다면

저승으로 건너는 이다음은 벗기일까

## 신에 가까운 일생

어린 시절 검정 고무신을 신었다
새 신을 받아 들 때마다 뛰는 듯이 신났다

내 유년의 발길 조왕신 아래 오가다
별별 이유로 신을 바꾸는 사이
구두를 신고 신의 직장에 들어갔다
주디가 펼쳐놓은 만찬에서 주신을 찬양하며
고주망태 된 교직원 비틀대기도 했다

눈 뜨자 신발자리 별빛 아래 등산화 신고
산속에 든 신들을 쉼 없이 찾아뵙듯이
각국 신화를 품은 전설에 물든 자연에게도
경배 드리듯 읍복하며 인사 다녔다

백신 맞을 때마다 신에 가까울 줄 알았지만
직장 나서자 곧바로 신으로 모셔지기에는
꼭뒤 하얀 머리카락이 모자라서인지
발음이 좀 기다란 시인으로 불렸었는데

어느 날 젊은이가 어르신 하며 높였다

흰머리 늘어나고 쓰는 눈빛도 흐리겠지
저절로 한 해씩 하얘지는 신 틀림없겠지만
이제 흰 신은 신나기 쉽지 않다

# 돌아가는 길

차가운 밤바다 건너까지 두 발로 이르리라

자라나 배우든지 여물어 익어가든지
젖 빨든지 가슴 졸이든지 황혼을 즐기든지
나를 쓰든지 그대를 지우든지
여름 꿈에 젖든지 겨울잠을 깨든지

인간은 걸을 수 있을 만큼만 존재한다*

푸른 물빛에 물들어 타올라 갔듯이
네 삶의 끝자락이 가닿을
저 깊은 골짜기로 내려서는 능선 길

빈 배에 일생의 그림자 달빛처럼 싣고
아직은 흘러가야 할 이 길
달팽이 봉토분 배낭 메고 걷는다

---

*Sartre, Jean Paul.

## 하루

그림자 언 물길 거슬러 짧아진다

침엽 숲이 붙잡을 리 없는
거세질수록 잠재워야 할 바람을
산 또한 가두지 않는다

얼음 빼대로 끓인 라면 사리와
뜨거운 국물 나누는 점심
하얀 입김 후후 내뿜는다

등짐 풀어 가슴 데우다
눈길 더듬어 돌아가려는 바람은
여백 사이 길 찾아 걷는다

능선 골짜기 깊어진다

하루치 땀내 함께 다저녁에 이른다

## 너무 늦게 도착한 별 하나

생각지 못한 별빛 담긴 택배가 덩그러니 있었다
2023년 8월 12일 아침 현관문 열다 얼떨결에 보았다

1952년 11월 10일 수여 결정 되었던 아버님의 훈장과 증서가 2023년 8월 7일자 '위 자에 대한 서훈 기록에 의하여 본증을 발행함'이라는 긴 추서를 달고 만 70년 9개월 지나 큰아들의 집 앞에 겨우 당도한 것이다

고맙기는 하다만 부모님 모두 별천지에 있는 자신의 별로 돌아가신 오늘에 무슨 빛으로 온 것일까 궁금하다 그동안 나라를 이끈다고 큰소리친 이들이 얼마나 거짓 위정에 몰입하고 자기 몫에 눈멀어 물고 뜯느라 바빴으면 민초의 헌신 하나 챙기기까지 4·19, 5·16, 10·26, 6·29 지나가고 천안함 폭파되고 세월호 가라앉고 핵폭탄에 위협당해도 여의도는 오히려 말싸움으로 제 표몰이에만 취해 있다 울컥 욕지거리가 치솟는다만 또 참아본다

태백산맥 넘다가 좌우 골을 다친 이 나라 빨리 제대로 서야

될 것 같다고 여겼는데 다행히 지금이나마 국가를 위해 피와 눈물과 땀을 흘린 고인에게 그날 밝힌 불꽃의 빛 한 줄기 보내줘 감사하다

우선 사진부터 찍어 형제자매 집안 분들에게 보내고 하늘에 계신 당신께도 전할 방법을 찾아보련다

## 폭포 앞에서

늦어서야 옛길을 벗어난다

자주 오가던 탐방로가
첫발 내디딘 길 없는 길 하나에 무너진다

잘라라, 기도하는 그 손을*

하산길 골짜기에서 길든 네 체위 참하다

깊이 뛰어내리는 알탕
쏟아내는 폭포수 오줌 싸는 당신 몸 같다

푹 빠져 땀 씻는 나를 본다

---

*사사키 아타루.

# 쓸모없는 쓸모

자작나무 무성한 무문산(武文山)을 파듯 올랐다

숲속 나이테 무늬가 잘린 나무 밑동 하나
상처가 깊다

나무의 푸른 동굴이 사라지고
허공에 환한 햇볕 웅덩이가 둥그렇게 자리 잡았다

널찍한 그루터기 위에 두레밥상을 차린다
여기보다 좋은 데 없다며
야단인 산꾼들

그루터기 귀퉁이
쓸모없는 쓸모에 걸터앉는다

# 세석산장에서

바람 소리에 문득 창문을 열었다

눈앞의 밤을 온통 구름바다로 흐려 놓았다

진경산수는커녕 별빛도 없다

캄캄한 몸이 산문(山門)에 들어 더 캄캄해졌다

아침 일찍 깨어나 얼굴을 매매 씻어야겠다

# MLT-D111S/TND

오래전
원고지 폐부 찌르듯
펜촉으로 상처 내지 않고는
사랑을 쓸 줄 몰랐네

이젠 레이저프린터인 양
마음 바닥 뜨겁게 달구지 않고는
연정을 쓰지 못하네

토너 카트리지 M202x 시리즈
다시금 구한 천연 갈아 끼우고
수천 년 쓸 꿈에 젖네

# 환절기 속 타오르는 불꽃

봄의 골짜기로 불붙은 연기가 자욱하다

내 백골에서 검은 사리가 나와 별처럼 반짝이길 바란 적은 없지만 세 번째 삶을 끝맺을 때는 한 토막 희나리의 마지막 사랑까지 온몸과 마음으로 다 불사르는 화장을 꿈꾸는데

두 번째 삶의 겨울눈 꽃불인 양 터진다

해설

# 비울수록 가득 채워지는 여백의 사랑

고영(시인)

## 1.

시선 닿는 곳이 세계의 전부일 리 없습니다. 다 알고 있는 것 같은데, 눈앞의 사태가 생생하고 절실할수록 마치 전부이고 최후라고 생각하게 됩니다. 본다는 것은 '선택과 배제'의 행위이고, 인간은 자신이 선택한 것을 중심에 두도록 진화했기 때문일 겁니다. 그러니 인간은 늘 괴롭습니다. 선택도 괴로움을 수반하며 배제 또한 괴로움을 수반하긴 마찬가지입니다. 그래서일까요. 현자들은 마음이 가는 대로 살라고 합니다. 언뜻 생각하면 참 무책임한 말 같기도 하면서도 현명하기 이를 데 없는 말인 듯도 합니다. 우문현답(愚問賢答)이란 말은 이럴 때 쓰는 것인지도 모르겠습니다. 한 권의 시집을 읽을 때도 '선택과 배제'의 행위는 유효하게 작용합니다. 다만 '선택'에 좀 더 초점을 두고 읽게 되는 건 한 권의 시집 속에는 한 시인의 세계관이 오롯이 담겨 있기 때문입니다. 그러니 타자의 세계관을 '배제'의 차원에서 읽을 수는 없는 노릇입니다.

그럼 이제부터 조경석 시인의 시집 『여백의 사랑』을 '선택'에 집중해서 읽어보도록 하겠습니다. 필자는 시집을 읽을 때 먼저 중심 어휘가 무엇인지 살펴보게 됩니다. 그러다 보면 의도하지 않아도 중요하다 싶은 몇 개의 어휘가 시선을 잡아끕니다. 다만, 시에 등장하는 어휘는 일상의 그것처럼 무엇을 지시하거나 전달하면서 순순히 끝나지 않습니다. 메타포(metaphor)는 무수한 이미지의 연쇄, 즉 원래 자신을 지시하는 서술을 벗어나면서 의미를 확장하고 가치를 만드는 작용을 하기 때문입니다.

구름바다는 절정을 머금은 듯
산수화를 적시다 티 없이 맑아진다

구상나무는 불꽃을 쟁인 듯
눈꽃 속에서 봄을 지피고

사람의 말 내려놓은 여기
천연의 이야기가 꽃피는 듯

바람은 신발마저 벗어놓고 앉는다

골짜기 자리 잡은 절집 한 채

—「지리산 종심 깊이」 전문

인용 시는 '선경후사(先景後事)', 즉 '풍광(風光)을 먼저 보여주고 심회(心懷)를 얹는다'라는 전통 시작법의 전형을 잘 보여줍니다. 본문에 '산수화'라는 언급도 있지만, "사람의 말 내려놓은 여기/천연의 이야기가 꽃피는" 순간을 비상하는 매의 눈으로 포착해서 '종심 깊이'라는 입체감을 더해 군더더기 없는 이미지로 만듭니다. 어쩌면, 우리가 알고 있는 '여백의 미'라는 개념을 구체적으로 형상화했다고도 할 수 있겠지요. 더불어 '종심'이 이번 시집의 중심 어휘 중 하나라고 저절로 유추하게 합니다.

조경석 시인은 종심(從心)에 이르러서도 회의(懷疑)하기를 멈추지 못합니다. 그는 「고희」라는 시에서 "마음을 좇아/뭘 해도 어긋나지 않는다"라는 '옛 어르신의 말씀'은 그 뜻이 분명하고 눈앞의 자연 또한 천천히 타오르는 "옅은 물빛의 종심"으로 제 얼굴을 여실히 보여주지만, 자신은 아직 "몸과 함께 취한 마음"을 더 보듬어야 한다고 고백합니다. 그래야 하는 이유를 시인은 다른 작품에서 '곁길'이라는 아주 적절하고 구체적인 이미지를 통해 보여주면서 독자들을 설명 없이 공감에 이르게 합니다.

사랑의 반대말은 무관심이라는데

사랑이 무릇 관심 안에서 일렁거린다면
푸른 수평 방임과 붉은 수직 간섭 사이에서
달은 솜사탕인 양 부풀었다 깎인다

살아남으려 바쁜 이 도시
발광 성운들 무수히 쏟아지지만
가로등 켠 거리에서 별빛 찾기 힘들다

네 그림자 점점 뜸한 밤
막 떠오른 얼굴과 잊히지 않는 이름을 가진
널 가슴에 안고도 내 눈앞 아직 뿌옇다

이 달관의 곁길 한동안 둥그렇다

—「달관의 곁길」 전문

때로 진리처럼 보이는 세상의 이법(理法)이 누구에게는 마음을 가두는 족쇄가 되기도 합니다. 바로 "사랑의 반대말은 무관심" 같은 정의가 그렇지요. 시인은 '사랑'을 관계에서 비롯하는 심리 현상으로 보지 않습니다. 그래서 "사랑이 무릇 관심 안에서 일렁거린다면/푸른 수평 방임과 붉은 수직 간섭 사이에서/달은 솜사탕인 양 부풀었다 깎인다"라고 느닷없이 '달'을 끌어와 항의합니다. 인간관계에서 '관심'이란 결국 '방임'과 '간섭'이라는 두 극단 사이 어딘가에 놓여 있기 마련인데(무관심도 관심이라는 역설이 성립하기도 합니다) 그래서 '사랑의 반대말'이 될 수 없다는 것입니다. 무관심이 방임이라면 사랑은 간섭이 되고 마는데, 시인은 이 방정식을 도저히 받아들일 수 없습니다. 왜냐하면, 시인에게 '사랑'은 달이 차오르고 기우는 것과 같은 자연현상이기 때문입니다. "살아남으려 바쁜 이 도시"는 오직 세상의 이법을 강요하고, 시인은 아직 "막 떠오른 얼굴과 잊히지 않는 이름을 가진/널 가슴에 안고도 내 눈앞 아직 뿌"연 상태를 깨닫습니다. '뿌옇다', 즉 선명하지 않다는 것은 시인이 아직 "가로등 켠 거리"에 있다는 것, 현실에 발 딛고 있음을 암시하면서 동시에 나름의 사랑의 정의를 완성하지 못했음을 함축합니다.

밤마다 무수히 쏟아지는 "발광 성운들" 아래서 '무관심', 즉 전적인 '방임'의 상태로 미끄러지지 않기 위해 발버둥 치는 시인의 초상은 애처롭기 그지없습니다. 하지만 눈에, '눈부처'로 사랑을 담지도 못하면서 먼 별을, 달을 보았다 외치는 '달관'도 애처롭기는 마찬가지일 겁니다. 최소한 시인은 "널 가슴에 안고도 내 눈앞 아직 뿌옇다"라고 고백할 수 있고, 그 고백의 힘으로 한동안 '달관'이 아니라 '달관의 곁길'을 생생한 현실로 살아내고자 합니다. 그 이유는 '여백의 사랑'을 온전하게 그려내기 위해서 채워 넣어야 할 시작, 부분, 기도(企圖)가 아직 많이 남았기 때문일 것입니다.

**2.**

장자의 '소요유(逍遙遊)'는 이제 사상이 아니라 인생의 지침처럼 널리 사용되고 있습니다. 자구(字句)로 풀면 '멀리 소풍 가서 논다'라는 뜻이 되는데, 웬일인지 세 글자 모두 '책받침 변(⻌)'을 사용합니다. 이 '책받침 변(⻌)'은 원래 '쉬엄쉬엄 갈 착(辵)'에서 왔다고 합니다. 조경석 시인은 일생을 전제로 「네 번의 소요유(逍遙遊)」를, 그러니까 실제로는 세 번의 쉬엄쉬엄 사이의 그 결정적인 간격을 구체적으로 그려 보여줍니다.

백수를 삼등분한 33해씩을 바라본다

초년 33년은 알기를 찾아들다 더듬듯 했지
중년 33년은 구하기 위해 빌붙지 않았고
말년 33년은 쓰기에 걸려들어 즐기려는데

남겨진 마음과 몸을 비우면서 산행하던지
물빛 연금 퍼내어 맺힌 것들 풀어가던지

나누기나 글쓰기로 일생 끝난다면

저승으로 건너는 이다음은 벗기일까

—「네 번의 소요유(逍遙遊)」 전문

인용 시에서 시인은 '초년 33년—알기/중년 33년—구하기/말년 33년—쓰기'처럼 숫자와 개념으로 각 단계를 극단적으로 추상화합니다. 물론 이는 네 번째, 결코 수나 개념으로 드러낼 수 없는 단계를 극적으로 형상화하기 위한 고도의 전략으로 이해할 수 있습니다. 따라서 마지막 연의 "저승—벗기"는 성립할 수도 있고 아닐 수도 있는, 결국 확인이 불가능한 미지의 소요유로 시인의 직접적인 관심에서는 멀어지게 된다고 할 수 있습니다. 이 네 번째 단계는 아무래도 '신'의 개념과 함께 상상할 수밖에 없는데 이마저도 동음이의어를 활용하여 시인이 생각하는 '소요유'의 의미를 더욱 확장하는 효과를 얻어내고 있습니다.

어린 시절 검정 고무신을 신었다
새 신을 받아 들 때마다 뛰는 듯이 신났다

내 유년의 발길 조왕신 아래 오가다
별별 이유로 신을 바꾸는 사이

구두를 신고 신의 직장에 들어갔다
주디가 펼쳐놓은 만찬에서 주신을 찬양하며
고주망태 된 교직원 비틀대기도 했다

눈 뜨자 신발자리 별빛 아래 등산화 신고
산속에 든 신들을 쉼 없이 찾아뵙듯이
각국 신화를 품은 전설에 물든 자연에게도
경배 드리듯 읍복하며 인사 다녔다

백신 맞을 때마다 신에 가까울 줄 알았지만
직장 나서자 곧바로 신으로 모셔지기에는
꼭뒤 하얀 머리카락이 모자라서인지
발음이 좀 기다란 시인으로 불렸었는데
어느 날 젊은이가 어르신 하며 높였다

흰머리 늘어나고 쓰는 눈빛도 흐리겠지
저절로 한 해씩 하얘지는 신 틀림없겠지만
이제 흰 신은 신나기 쉽지 않다

—「신에 가까운 일생」 전문

읽는 그대로, 두 말 필요 없이 1연에는 '사물(고무신)과 신(기분)'이 등장하고, 2연에는 '사물(구두)과 신(직장-비유)과 주신

(술)'이 나오고, 3연에는 '사물(등산화)-신(신화)'으로 전환되고, 4연에는 '백신(약물, 사물)-신(초월적 존재)-시인-어르신(호칭)'이 되고 마는 '신에 가까운 일생'을 그려내고 있습니다. 이 시는 앞에서 인용한 작품 「네 번의 소요유(逍遙遊)」를 '신'이라는 어휘를 중심으로 구체적 사건으로 풀었다고 볼 수 있습니다. 시인은 '일생'을 펼치면서 마지막 연에서 "흰머리 늘어나고 쓰는 눈빛도 흐리겠지/저절로 한 해씩 하얘지는 신 틀림없겠지만/이제 흰 신은 신나기 쉽지 않다"라며 다소 풀죽은 듯 진술하고 있지만, 오히려 "신나기 쉽지 않다"가 절대부정이 아니라는 데 필자는 주목하게 됩니다. 쉽지는 않겠지만 시인은 '신'을 낼 것입니다. 이때 '신'은 초월적 지위에 있는, 우리가 향해 가야 하는 존재가 아니라 자연에서 내려와 마음과 상응할 때 순간 홀연히 빚어지는 '신'일 것입니다.

조경석 시인은 "몸과 함께 취한 마음"(「고희」)을 '신(기분, 흥)'으로 되살리면서 동시에 마음을 살아 있게 하는 몸의 쓰임도 놓치지 않습니다. 자신의 '입'으로 하는 선언보다 "나를 쓰는 당신이/아직 녹슬지 않았네 하며/내 엉덩이를/툭 칠 때"(「아직 녹슬지 않았네」) 시인은 자기 존재의 가치를 확인하며 "그때 나는 정말 울어요"라고 고백하고 있습니다. 이 고백이 바로 그가 아직 다 펼치지 못한 '여백의 사랑'이 아닐까 생각하게 됩니다. 비울수록 더 가득 채워지는 여백처럼, 고희를 맞는 그의 사랑도 한층 깊어지고 아름다울 것입니다.

눈 내리지 않는 따스한 골짜기에서
몸 편안하다고 좋아할 일 아니다

눈 덮인 산마루를 올라보기는커녕
눈밭 뚫고 피어나는 꽃술을 볼 수 없다는 것은
얼마나 시린 슬픔인가

동짓달 반려여, 나와 함께 손잡고
이 눈부신 얼음꽃 시절 꽃피우자

가지마다 꽃송이 주렁주렁 매달릴
한 그루 주목 이는 바람눈 쉼 없이 지켜보는데
어느 눈꽃 바람에 꽃 필까

그윽한 별빛 아래 산록 읽어가다
스치는 바람 소리에 두 귀를 세운다

—「여백의 사랑」 전문

표제작인 이 시는 이 글의 맨 앞을 다시 생각하게 합니다. 종심에 이르기까지 시인은 어쩌면 삶의 여백을 채워가기에 바빴을 것입니다. 시인은 이 사정을 앞에 인용한 「신에 가까운 일생」뿐만 아니라 「별호가 자라나는 몇 가지 단상」에서도 압축해서 보여줍니다. 간추리면 '조박사—조교수—조원장'이라는 별호는 관계하는 타인에 의해 만들어진 것이지만, 시인이 되어 얻게 된 '정원(井垣)'이라는 호는 내 것이면서 그 뜻처럼 '담 낮은 우물'로 열려 있으니 굳이 내 것만이라고 하기 어려울 것입니다. 다시 말해 시인은 가득 채우는 일생을 소요유 했지만, 그게 결국 '여백'을 키우는 것임을 알고 있었을 것입니다.

"따스한 골짜기에서/몸 편안하다고 좋아할 일 아니다"라는 정의는 몸과 마음이 안팎 이상으로 뗄 수 없는 관계라고 믿기에 그 자체로 참이 됩니다. 따라서 "눈밭 뚫고 피어나는 꽃술을 볼 수 없다는 것은/얼마나 시린 슬픔인가"는 시적 전제로 당연히 참인 명제일 수밖에 없습니다. "시린 슬픔"이라는 구절에서 직접 행동하지 않으려는 현 세태를 찌르는 아픈 가시처럼 느껴집니다. 시인의 이런 시적 사유는 '양자컴퓨터'나 '챗GPT' 같은 도구에 의지하려는 세태를 동시에 찌르고 있습니다. 시인은 "가난한 어휘력과 문장력 보강하기는 좋겠지만/가슴속 빠져린 탄흔을 가진 핏빛 영혼의 깨달음이/속내 없는 뭉치와 같은 한 말씀일 리 없"(「챗GPT와의 다툼」)다고 준엄하게 일침을 가합니다. 이 준엄함의 근거는 무엇보다도 시인이 "그윽한 별빛 아래 산록 읽어가다/스치는 바람 소리에 두 귀를 세"우는 자세를 갖춘, 자연의 편이라는 데 있습니다. 이 자연은 "눈동자 속 눈동자 그 안쪽/마주 보는 거울처럼 뒤끝이 없다/이면의 이면 열린 이 광경"(「눈부처」)의 다른 이름일지도 모릅니다.

### 3.

이번 시집에 투사된 조경석 시인의 초상은 견고한 현실주의자의 풍모를 갖추고 있는 듯 보입니다. 여기서 현실주의란 우리가 아는 사회, 경제, 문화적 개념과는 거리가 있습니다. 최소한 이 글에서 현실주의는 손쉽게 과거로 회귀하거나 입으로만 미래로 초월하는 양상을 거부하는 임의적 개념입니다.

조경석 시인은 '여백'을 중심 어휘로 이번 시집을 묶었지만, 그 여백은 '비웠다'라는 의미보다 '채웠다'라는 상반하는 뜻으로 더 다가옵니다. 어딘가 비워둠으로써 상상력을 자극하는 수법은 고전적이지만, 가득 채운 후 그것들이 충돌하고 균열을 일으키는 지점에서 일종의 '틈', 혹은 '도주로'를 찾는 것이 현재 상황이기 때문에 시인의 '여백'은 '틈과 가능성'으로 읽히기도 합니다.

차가운 밤바다 건너까지 두 발로 이르리라

자라나 배우든지 여물어 익어가든지
젖 빨든지 가슴 졸이든지 황혼을 즐기든지

나를 쓰든지 그대를 지우든지
여름 꿈에 젖든지 겨울잠을 깨든지

인간은 걸을 수 있을 만큼만 존재한다

푸른 물빛에 물들어 타올라 갔듯이
네 삶의 끝자락이 가닿을
저 깊은 골짜기로 내려서는 능선 길

빈 배에 일생의 그림자 달빛처럼 싣고
아직은 흘러가야 할 이 길
달팽이 봉토분 배낭 메고 걷는다

—「돌아가는 길」 전문

이 시는 "차가운 밤바다 건너까지 두 발로 이르리라"라는 시인의 육성(肉聲) 선언이 비장하고 단호하게 읽혔습니다. 결연한 의지의 표현이라고 해도 좋겠지요. 또한 이 선언이 이번 시집의 중심을 관통하고 있다고 보입니다. "인간은 걸을 수 있을 만큼만 존재한다"라는 사르트르의 명제를 실천이 아니라 증명하기 위해 "아직은 흘러가야 할 이 길/달팽이 봉토분 배낭 메고 걷는" 시인의 초상은 자연이면서 또한 의지의 결과이기에 슬픔보다 환희, 고역보다 숭고함의 '신(기분)'을 누릴 수 있게 됩니다.

조경석 시인은 이번 시집에서 '종심'에 이르렀음을 숨기지 않고, 그의 시가 '소요유'의 여러 단계를 지나면서 변모되었음을 압축해서 보여줍니다. 그 이유는 "늦어서야 옛길을 벗어난다"(「폭포 앞에서」)라는 진술 속에도 함축되어 있습니다. 이번 시집에서 시인은 '곁길, 그늘, 옛길' 등을 '시린 슬픔'을 불러오는 원인으로 호명합니다. 그러나 결코 거기서 멈추지 않습니다. 시인은 안전할 것 같은 과거로 손쉽게 회귀하지 않고, 편안할 것 같은 미래를 위해 달관(초월)하지도 않습니다. 그 이유는 시인에게 남은 '여백의 사랑'이 비울수록 가득 채워지는 완성을 향해 나아가고 있기 때문입니다.

문학의전당 시인선 377

여백의 사랑

ⓒ 조경석

초판 1쇄 인쇄 2024년 4월 8일
초판 1쇄 발행 2024년 4월 15일
지은이 조경석
펴낸이 고영
디자인 헤이존
펴낸곳 문학의전당
출판등록 제448–251002012000043호
주소 충북 단양군 적성면 도곡파랑로 178
전화 043–421–1977
전자우편 sbpoem@naver.com

ISBN 979–11–5896–641–6 03810